青少年运动技能等级标准与测试方法丛书

青少年壁球
运动技能等级标准与测试方法

全国青少年运动技能等级标准研制组　组编

科学出版社

北京

内 容 简 介

本书介绍了青少年壁球运动技能等级标准与测试方法，主要内容包括测试场地、器材、设备及人员配备要求，测试的总体要求，各等级测试科目，一~九级测试方法，各级测试中规定了该级测试的科目、方法与要求，并对测试过程中的动作要点辅以图示及说明。

本书可供国家及各级教育主管部门，体育主管部门，各级体育协会，体育院校及中小学校，社会性体育培训组织及体育俱乐部等相关单位人员参考使用。

图书在版编目（CIP）数据

青少年壁球运动技能等级标准与测试方法 / 全国青少年运动技能等级标准研制组组编. — 北京：科学出版社，2023.8
（青少年运动技能等级标准与测试方法丛书）
ISBN 978-7-03-073973-5

Ⅰ.①青… Ⅱ.①全… Ⅲ.①壁球运动－称号等级（体育）－标准 ②壁球运动－称号等级（体育）－测试方法
Ⅳ.①G849.5

中国版本图书馆 CIP 数据核字（2022）第 224022 号

责任编辑：张佳仪 / 责任校对：谭宏宇
责任印制：黄晓鸣 / 封面设计：殷　靓

科 学 出 版 社 出版
北京东黄城根北街 16 号
邮政编码：100717
http:// www.sciencep.com

苏州市越洋印刷有限公司印刷
科学出版社发行　各地新华书店经销

*

2023 年 8 月第　一　版　开本：B5（720×1000）
2023 年 8 月第一次印刷　印张：5
字数：77 000
定价：70.00 元
（如有印装质量问题，我社负责调换）

"青少年运动技能等级标准与测试方法" 丛书
专家指导委员会

（按姓氏笔画排序）

王培锟　叶玮玮　吉　宏　孙麒麟　吴　瑛　邱丕相　何志林
余丽桥　邵　斌　孟范生　梁文冲　虞定海　戴金彪

《青少年壁球运动技能等级标准与测试方法》
编辑委员会

主 编

陈佩杰 唐 炎

副主编

蔡玉军 丁 力

执行主编

蒋 健 李东锦

编 委

（按姓氏笔画排序）

王骏杰 修 晨 徐 航 梁 骏

第二版丛书序

2018年4月,我国第一套涵盖11个运动项目的"青少年运动技能等级标准与测试方法"(以下简称"标准")面向社会公开发布。同期,"标准"丛书由科学出版社正式出版。"标准"自问世以来,得到了教育部、国家体育总局、上海市教委、全国体育行业职业教育教学指导委员会,以及相关运动项目协会的高度肯定和大力支持,对推动青少年体育的发展起到了积极的作用。

截至目前,全国已有16个省(自治区、直辖市)的9000余名体育工作者接受了"标准"考评员培训,已有27个省(自治区、直辖市)的300余家社会机构组织开展了"青少年运动技能等级标准"测评,参加社会化测试的青少年近万人,有力推动社会力量对青少年体育发展做出贡献。上海市中小学校自2018年将"标准"作为推进学校体育工作的重要抓手,全面开展针对青少年学生的运动技能等级测试以来,到2019年底共测试中小学生超过10万人,测试结果为深入了解青少年学生运动技能掌握的实情、发现体育教学中存在的问题提供了有力参考。同时,针对体操、高尔夫球、羽毛球等项目,创新性地开展了比赛与测试相结合的标准等级赛,极大地激发了青少年参与比赛的热情,丰富了比赛的内涵,提升了青少年参与比赛的获得感,产生了良好的社会效益。

2018年12月,"标准"丛书获得了第27届上海市中小学、幼儿园优秀图书评选活动二等奖。2019年4月,"标准"丛书被列入上海市中小学、幼儿园图书馆(室)图书配置推荐目录。"标准"部分内容也在2019年被上海市初中教材《体育与健身》采纳,正式作为上海市初中生的体育课程学习内容。

"标准"在国内得到多方认可的同时,也受到了国际同行的关注。2019年4月出版的《青少年软式曲棍球运动技能等级标准与测试方法(中英文版)》得到了国际软式曲棍球联合会和亚洲大洋洲软式曲棍球联合会的认证,成为该项目的国际标准。这为"标准"在世界范围内的传播开了先河,彰显了我国青少年体育发展成果的国际影响力。

首批11个运动项目的"标准"出版后,引起了广大体育同行对青少年体育技能发展问题的关注,并积极投入到新"标准"的研制工作中。到目

前为止,上海体育学院、成都体育学院、沈阳体育学院、哈尔滨体育学院、南京体育学院、宁波大学、上海理工大学、东华大学等单位积极支持科研人员参与到新"标准"的研制中,先后正式出版了软式曲棍球、健美操、体育舞蹈、艺术体操、空竹、跳绳6个项目的"标准"用书。此外,攀岩、轮滑等10余个新兴和时尚运动项目也已被纳入了研制和出版计划。

在首批"标准"的推广应用过程中,部分专家学者及广大使用者对进一步完善"标准"提出了非常宝贵的意见。研制组在对这些意见进行认真梳理和广泛讨论的基础上,决定开展对首批"标准"的完善和升级工作。经过近1年的努力,率先完成了足球、篮球、排球、羽毛球和高尔夫球5个项目的"标准"(第二版)工作。"标准"(第二版)主要有以下一些变化。

一是标齐等级难度。各项目研制组在基于前期测试的基础上,结合专家意见,尽可能标齐了不同项目同一等级的难度,增强了"标准"等级之间的可比性。

二是采用百分制。每一等级测试均采用百分制,提高了"标准"同一等级内的区分度,为中小学校利用"标准"开展学生体育学业评价提供方便。

三是提升测试效率。对部分之前测试较烦琐、耗时较长的科目进行了改进,简化了测试流程,增强了测试简便性,提升了测试效率。

四是提高严谨性。对各项目标准中存在的错误进行修订,对部分测试指标进行调整,并对第一版中的文字、图片和视频进一步完善。

在"标准"投入应用后,广大中小学体育教师、社会体育俱乐部教练对于如何指导青少年学练"标准"各等级测试动作产生了强烈需求。为此,各项目研制组针对各级测试的动作技术关键、易犯错误、教学步骤及学练方法等内容开展了教学指导用书的编写工作,以期"标准"能更好地为青少年体育实践服务。此外,各项目"标准"研制组积极开展人工智能测试工具的研发,为实现全程自动化测试奠定了基础。

不忘初心,方有正确航向。千锤百炼,才能永葆生机。希望通过不断的修订,能够提升"标准"的质量,打造出精品,为青少年的体育发展提供不竭动力。当然,由于研制者学识、能力和水平有限,"标准"丛书可能存在疏漏和不足之处,恳请各项目专家学者和实践应用者提出宝贵意见,以供进一步完善。

陈佩杰　唐炎

2020年4月15日

第一版丛书序

2017年11月，国家体育总局、教育部、中央文明办、国家发改委、民政部、财政部和共青团中央7部门联合制定出台了《青少年体育活动促进计划》，明确提出"研究建立青少年运动技能等级评定标准"，并要求"各级教育部门应将运动技能等级纳入学生综合素质评价体系"。运动技能水平是衡量个体体育综合能力的关键指标，让青少年掌握1～2项运动技能是国家对青少年体育教育的基本要求。然而，如何客观有效地评判青少年运动技能的掌握水平，我们还缺乏一套行之有效的标准。毋庸讳言，当前运动技能等级标准的缺失已经成为制约青少年体育改革发展的主要因素。这对学校体育与健康课程改革的效果检验和深入推进、青少年体育素养水平评价的实施及社会性青少年体育培训的规范开展都造成了影响。因此，制定一套能展现运动项目特征、反映运动技能进阶规律、科学性强且便于测试的"青少年运动技能等级标准"（以下简称"标准"）已迫在眉睫。

2016年3月，上海体育学院组建了"标准"研制组并开展相关工作。经过广泛的专题调研和充分的分析讨论后，研制组确立了四等十二级制的"标准"体系构架，并以"标准"指标能反映运动项目的实际运用能力、能反映个体运动技能水平的变化、能促进青少年运动参与的积极性、能与竞技体育运动等级标准有效衔接为基本思路，依托中国乒乓球学院强大的科研力量，以乒乓球运动技能等级标准的研制为突破口，以点带面地推进研制工作。2017年4月12日，研制组首先发布了《青少年乒乓球运动技能等级标准》（以下简称《乒乓球标准》）。《乒乓球标准》的发布得到了中国乒乓球协会与上海市教委相关领导、乒乓球界多位名宿与专家的高度肯定，国家体育总局官网、新华网、环球网等数十家媒体予以报道。在《乒乓球标准》成功发布的基础上，研制组进一步优化研制思路和路径。又历时1年，经过对9 000余名青少年进行测试和数十轮专家研讨，研制组先后完成了足球、篮球、排球、羽毛球、网球、高尔夫球、田径、体操、游泳、武术10个运动项目的"标准"研制工作。上海市学生体育协会对"标准"高度认可，并采纳其全部内容用于促进青少年学生体育活动的开展工作。同时，"标准"已作为行业主体在上海市质量技术监督局申请为"团体标准"。"标准"的正式出台对于推动青少年体育发展可以起到以下几方面的作用。第一,"标准"的体系构架能够实现普通青少年与精英运动员的运动技能水平评定的衔接,能够为体育管理部门掌握青少年运动技能等级分布情况、规划运动项目发展方向提供支撑。第二,"标准"的指标设计充分考虑到运动项目参与主体的获得感,青少年在每一阶段的进步均能通过等级的进阶得到证明,从而更好地激发和维持青少年积极参与运动的热情。第三,"标准"在对个体参与测试的资格上添加了运动经历的要素,要求被测试者从进入"提高级"的测试开始,必须要具备相应的运动经历才能参与测试。这样的设置突出了"标准"作为评价工具的发展功能,能够避免青少年将技能等级提升与运动实践相割裂的弊端,从而更好地带动青少年积极运动。第四,"标准"指标体系的科学性及测试方法的便捷性能够为学校开展体育技能教学、评定学生体育技能水平提供技术支撑,能够为教育部门开展学生体育素养测评提供科学便捷的工具,更好地实践体育与健康课程的育人价值。第五,"标准"能够为各种青少年体育培训机构的培训质量提供明确的评价依据。当前,青少年体育培训机构虽然蓬勃发展,但也良莠不齐。评价培训质量的指标较多,而青少年运动技能水平的提升程度无疑才是评价培训质量优劣的重要参考。

从提出研制思路到最终成稿,上海市教委都给予了极大的支持与帮助。同时,上海体育学院国家社会科学基金重大项目"中国儿童青少年体育健身大数据平台建设研究"研究团队从项目设计开始,就将"标准"的研制作为主要的研究任务之一,并形成了专门的研究小组进行技术攻关。此外,各运动项目领域的诸多专家及协会、众多中小学学校及社会性体育培训机构也在本"标准"的研制过程中提供了大量帮助。在此,向所有为"标准"的研制工作贡献力量的人员表示衷心的感谢!

受学识的限制,"标准"肯定存在着诸多不完善的地方。因此,恳请广大专家学者以及应用"标准"的相关机构、组织及个人不吝赐教,多提宝贵意见,为"标准"的进一步完善提供真知灼见!

陈佩杰　唐　炎

2018 年 3 月 12 日

编写说明

//

"青少年运动技能等级标准与测试方法"丛书的编写特点如下：

● **科学性强** 基于万余名青少年的测试数据，经过数十轮专家论证而制定。各等级的测试科目基本涵盖了该项运动的主要技术，体现了运动项目的本质特征和运动技能的进阶规律。

● **客观性强** 研制过程中尽可能采用智能化的测试手段，能够有效避免主观因素的干扰。此外，还对各运动项目的测试场地、器材、设备、考官及被测试者提出了统一要求，从而保证了不同测试基地间测量的可信度。

● **操作性强** 在保证科学性和客观性的基础上，力求各运动项目等级的测试方法更简单易行，耗时更少。

● **引领性强** 不同运动项目的相同等级难度设置基本对等，具有一定的层次性。从"提高级"开始，要求具备相应的运动经历，能够激发和维持青少年的运动参与热情。

● **贯通性强** 能与高水平竞技运动有效衔接，从而实现普通青少年与运动精英在技能上的贯通。

● **直观性强** 各等级测试过程中的动作要点均辅以图片进行说明，且每项测试科目都配有示范内容的视频，通过扫描二维码，即可直观、便捷地了解测试内容与方法。

目　　录

青少年壁球运动技能等级标准与测试方法

　　壁球是一项深受青少年喜爱的，集休闲、娱乐和竞技于一体的小球持拍类对抗项目。壁球运动可以提高青少年的身体素质和机能水平，能够培养青少年团队协作意识和顽强拼搏精神。为了帮助青少年掌握1～2项运动技能，促进青少年身心健康成长，同时为了推广普及壁球运动，使其在国内得到更好的发展，特制定"青少年壁球运动技能等级标准"（以下简称"标准"）。"标准"测试内容涵盖直线球、斜线球、侧墙球、短球等壁球的基本技术，在整体上采用四等十二级制。其中，一～三级为入门级，四～六级为提高级，七～九级为专业级，十～十二级为精英级。本"标准"仅针对一～九级，预留十～十二级与高水平运动员等级相衔接。

测试场地、
器材、设备及人员
配备要求

场地

测试场地应为世界壁球联合会（World Squash Federation）或中国壁球协会认证的标准场地，场地长度为9 750 mm、宽度为6 400 mm，地板至上边界线的高度为4 570 mm，发球格为长度是1 600 mm的正方形区域，半场线长度为4 210 mm。场地内不得有任何导致被测试者运动时受伤的安全隐患。

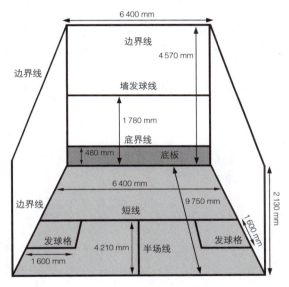

壁球场地示意图

器材

测试用球为壁球运动正式比赛规定用球，普通墙体场地使用DUNLOP黑色双黄点球，全玻璃场地使用DUNLOP白色单黄点球。

设备

医用急救包1套，全程录像设备1套；专用电脑2台，配备网络接口，并保证网络畅通。

▍人员 ▍

主考官：至少1名。

助考：2 ～ 4名，至少包含1名计分员。

其他考务人员：若干名。

经过"标准"委员会认可的智能化测试器材设备，可辅助、替代或部分替代人工测试。

测试的
总体要求

▌测试规则▐

被测试者首次申请测试可从任一等级开始,但应对自己的水平有一定预估。首次测试通过后方可申请高一等级的测试,不通过者须至少降一等级重新申请。测试过程中,根据世界壁球联合会最新版的《壁球单打规则》严格执行,所有测试内容都须符合壁球基本规则要求,测试动作以本"标准"规定为准。主考官应严格监督被测试者在测试过程中各个环节的表现,对违反规则的被测试者进行相应判罚并有权终止测试。

▌被测试者要求▐

被测试者必须穿着运动服和室内运动鞋参加测试,测试前必须进行充分的热身和准备活动,方可参加测试。被测试者必须全程佩戴护目镜。

从四级开始要求被测试者应具有一定的比赛经历。申请四~六级的被测试者须参加过市级及以上政府相关部门主办的比赛,或者经"标准"委员会认定的比赛。申请七~九级的被测试者须参加过省级及以上级别政府相关部门主办的比赛,或者经"标准"委员会认定的比赛。

▌考官要求▐

主考官及助考必须身着测试人员专用服装参加测试。测试前考官必须认真检查测试场地、器材及设备,提醒被测试者做好充分的准备活动。

主考官资质:符合下述任意一项者可担任主考官,所有考官均应无不良执裁记录。

- 具有国家壁球队运动经历者。
- 具有国家高级及以上壁球教练员等级者。
- 具有国家高级及以上壁球裁判员等级者。
- 经"标准"委员会认定的考官。

助考资质:通过本"标准"六级及以上的被测试者。

▌测试点要求▐

测试点必须保持场地整洁、卫生、明亮,没有易造成伤害事故的坚硬物

体或其他安全隐患，必须有安全出口和紧急疏散通道。整个测试过程须全程录像。

各等级
测试科目

各等级测试科目一览表

等级	科目一	科目二	科目三
一级	正反手颠球	正反手落地击球	正反手截击球
二级	正手发球	反手发球	正反手对侧墙击球
三级	正手落地击直线球	反手落地击直线球	正反手截击球
四级	正手截击直线球	反手截击直线球	落地八字球
五级	正手后场落地击直线球	反手后场落地击直线球	截击八字球
六级	正手截击直线球	反手截击直线球	正反手前场击侧墙球
七级	正手后场落地击直线球	反手后场落地击直线球	截击八字球
八级	一拍截击直线球、 一拍截击斜线球	后场侧墙球、 前场直线球	-
九级	两拍直线后场球、 一拍直线短球	侧墙球—短球—直线球	-

一级测试

科目一　正反手颠球

一级：科目一

| 测试方法与要求 |

被测试者在发球格准备,当听到助考的发令后,被测试者从正手开始,进行一拍正手、一拍反手的连续交替颠球。测试过程中,被测试者双脚必须同时站在发球格内方为有效。测试时长为1分钟,不限次数。

| 评分方法 |

计分员记录被测试者完成的个数,在规定时间内完成连续20个及以上为合格。

| 要点图示及说明 |

● 测试全程双脚必须站在发球格内

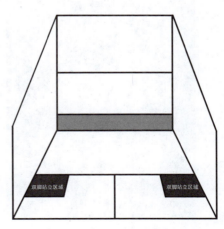

● 双脚站立区域示意图

科目二　正反手落地击球

一级：科目二

▌测试方法与要求▐

被测试者在距离侧墙2米线后准备，当听到助考的发令后，被测试者从正手开始，进行一拍正手、一拍反手的连续交替击球，回球第一落点须在2米线后方为有效。测试时长为1分钟，不限次数。

▌评分方法▐

计分员记录被测试者完成的个数，在规定时间内完成连续20个及以上为合格。

▌要点图示及说明▐

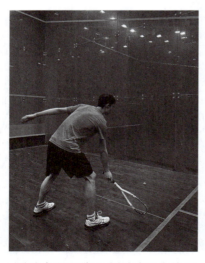

● 测试全程双脚必须站在2米线后

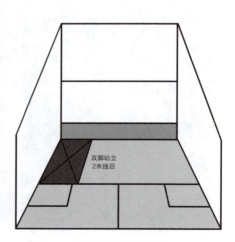

● 2米线后示意图

科目三　正反手截击球

一级：科目三

┃ 测试方法与要求 ┃

被测试者在距离侧墙1米线后准备，当听到助考的发令后，被测试者从正手开始，进行一拍正手、一拍反手的连续交替截击球。测试过程中，被测试者双脚须在1米线后，同时保持球不能落地方为有效。测试时长为1分钟，不限次数。

┃ 评分方法 ┃

计分员记录被测试者完成的个数，在规定时间内完成连续10个及以上为合格。

┃ 要点图示及说明 ┃

● 测试全程双脚必须站在1米线后

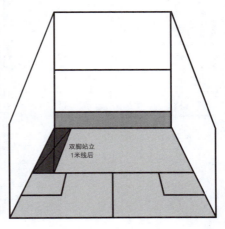

双脚站立
1米线后

● 1米线后示意图

评分与达标标准

一级各科目评分标准见一级测试评分表。所有测试科目均达到合格标准（即60分），则该等级达标。

一级测试评分表

分数（分）	正反手颠球（个）	正反手落地击球（个）	正反手截击球（个）
100	≥28	≥28	≥14
95	27	27	-
90	26	26	13
85	25	25	-
80	24	24	12
75	23	23	-
70	22	22	11
65	21	21	-
60	20	20	10
55	19	19	-
50	18	18	9
45	17	17	-
40	16	16	8
35	15	15	-
30	14	14	7
25	13	13	-
20	12	12	6
15	11	11	-
10	≤10	≤10	≤5

二级测试

科目一　正手发球

二级：科目一

▌测试方法与要求 ▌

　　被测试者在左发球格准备（以右手持拍为例），当听到助考的发令后，被测试者从左发球格开始进行正手发球，回球第一落点须在右发球格正后区域方为有效。每次测试有15次正手发球的机会。

▌评分方法 ▌

　　计分员记录被测试者完成的个数，在规定次数内完成10个及以上为合格。

▌要点图示及说明 ▌

● 正手发球准备姿势

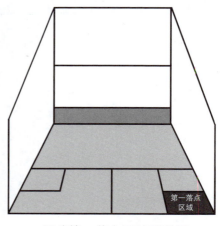

第一落点区域

● 回球第一落点区域示意图

科目二　反手发球

二级：科目二

| 测试方法与要求 |

被测试者在右发球格准备（以右手持拍为例），当听到助考的发令后，被测试者从右发球格开始进行反手发球，回球第一落点须在左发球格正后方为有效。每次测试有15次反手发球的机会。

| 评分方法 |

计分员记录被测试者完成的个数，在规定次数内完成10个及以上为合格。

| 要点图示及说明 |

● 反手发球准备姿势

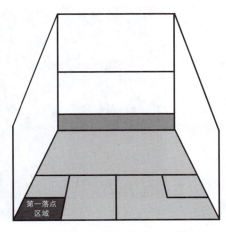

第一落点区域

● 回球第一落点区域示意图

科目三 正反手对侧墙击球

二级：科目三

测试方法与要求

被测试者在场地中间准备，当听到助考的发令后，被测试者先从正手开始，将球打至一边侧墙反弹至另一边侧墙后落地；再换反手击球，要求相同；正反手连续交替击球。测试时长为1分钟，不限次数。

评分方法

计分员记录被测试者完成的个数，在规定时间内完成连续16个及以上为合格。

要点图示及说明

● 正反手对侧墙击球姿势，测试过程中不得转身

评分与达标标准

二级各科目评分标准见二级测试评分表。所有测试科目均达到合格标准（即60分），则该等级达标。

二级测试评分表

分数（分）	正手发球（个）	反手发球（个）	正反手对侧墙击球（个）
100	≥14	≥14	≥24
95	-	-	23
90	13	13	22
85	-	-	21
80	12	12	20
75	-	-	19
70	11	11	18
65	-	-	17
60	10	10	16
55	-	-	15
50	9	9	14
45	-	-	13
40	8	8	12
35	-	-	11
30	7	7	10
25	-	-	9
20	6	6	8
15	-	-	7
10	≤5	≤5	≤6

三级测试

科目一　正手落地击直线球

三级：科目一

▎测试方法与要求 ▎

被测试者在右发球格准备（以右手持拍为例），当听到助考的发令后，被测试者用正手击球，将球打至前墙，回球第一落点必须在右发球格内，再进行第二次击球。测试时长为1分钟，不限次数。

▎评分方法 ▎

计分员记录被测试者完成的个数，在规定时间内每边完成连续12个及以上为合格。

▎要点图示及说明 ▎

● 正手击球准备姿势

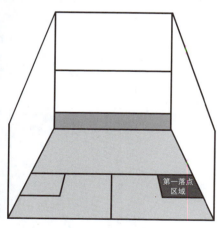

● 回球第一落点区域示意图

科目二　反手落地击直线球

三级：科目二

▌测试方法与要求▌

被测试者在左发球格准备（以右手持拍为例），当听到助考的发令后，被测试者用反手击球，将球打至前墙，回球第一落点必须在左发球格内，再进行第二次击球。测试时长为1分钟，不限次数。

▌评分方法▌

计分员记录被测试者完成的个数，在规定时间内每边完成连续12个及以上为合格。

▌要点图示及说明▌

● 反手击球准备姿势

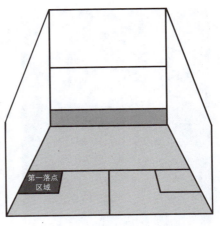

● 回球第一落点区域示意图

科目三　正反手截击球

三级：科目三

▌测试方法与要求▐

　　测试者在距离墙1米线后准备,当听到助考的发令后,被测试者先从正手开始,进行一拍正手、一拍反手的连续交替截击球。测试过程中,被测试者双脚须在1米线后,同时保持球不能落地方为有效。测试时长为1分钟,不限次数。

▌评分方法▐

　　计分员记录被测试者完成的个数,在规定时间内完成连续30个及以上为合格。

▌要点图示及说明▐

● 测试全程双脚必须站在1米线后

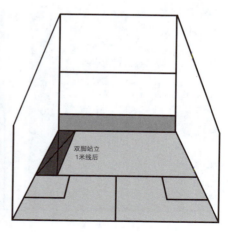

● 1米线后示意图

评分与达标标准

三级各科目评分标准见三级测试评分表。所有测试科目均达到合格标准（即60分），则该等级达标。

三级测试评分表

分数（分）	正手落地击直线球（个）	反手落地击直线球（个）	正反手截击球（个）
100	≥16	≥16	≥38
95	-	-	37
90	15	15	36
85	-	-	35
80	14	14	34
75	-	-	33
70	13	13	32
65	-	-	31
60	12	12	30
55	-	-	29
50	11	11	28
45	-	-	27
40	10	10	26
35	-	-	25
30	9	9	24
25	-	-	23
20	8	8	22
15	-	-	21
10	≤7	≤7	≤20

四级测试

科目一　正手截击直线球

▌测试方法与要求 ▌　四级：科目一

　　被测试者在正手区准备，当听到助考的发令后，被测试者用正手击球，将球打至前墙，在球落地前再次进行正手截击球。测试过程中，被测试者至少有一只脚全程在发球格内（不得触线）。测试时长为2分钟，不限次数。

▌评分方法 ▌

　　计分员记录被测试者完成的个数，在规定时间内完成连续15个及以上为合格。

▌要点图示及说明 ▌

● 测试全程至少有一只脚在发球格内

● 站立区域示意图

科目二　反手截击直线球

四级：科目二

▍测试方法与要求 ▍

　　被测试者在反手区准备，当听到助考的发令后，被测试者用反手击球，将球打至前墙，在球落地前再次进行反手截击球。测试过程中，被测试者至少有一只脚全程在发球格内（不得触线）。测试时长为2分钟，不限次数。

▍评分方法 ▍

　　计分员记录被测试者完成的个数，在规定时间内完成连续15个及以上为合格。

▍要点图示及说明 ▍

● 测试全程至少有一只脚在发球格内

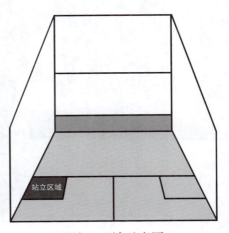

站立区域

● 站立区域示意图

科目三　落地八字球

▎测试方法与要求▎　四级：科目三

　　被测试者在T位准备，当听到助考的发令后，被测试者先从正手开始，将球打至前墙反弹至侧墙后落地，在球二次落地前，反手将球打至前墙反弹至另一面侧墙，正反手连续交替击球。测试时长为2分钟，不限次数。

▎评分方法▎

　　计分员记录被测试者完成的个数，在规定时间内完成连续30个及以上为合格。

▎要点图示及说明▎

● 落地八字球击球姿势

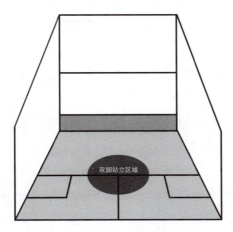

双脚站立区域

● 双脚站立区域示意图

评分与达标标准

四级各科目评分标准见四级测试评分表。所有测试科目均达到合格标准（即60分），则该等级达标。

四级测试评分表

分数（分）	正手截击直线球（个）	反手截击直线球（个）	落地八字球（个）
100	≥23	≥23	≥38
95	22	22	37
90	21	21	36
85	20	20	35
80	19	19	34
75	18	18	33
70	17	17	32
65	16	16	31
60	15	15	30
55	14	14	29
50	13	13	28
45	12	12	27
40	11	11	26
35	10	10	25
30	9	9	24
25	8	8	23
20	7	7	22
15	6	6	21
10	≤5	≤5	≤20

五级测试

科目一　正手后场落地击直线球

五级：科目一

▌ 测试方法与要求 ▌

被测试者在正手后场区域准备，当听到助考的发令后，被测试者用正手击球，将球打至前墙，回球第一落点须在发球格或其正后方区域内，同时球必须先落地再碰后玻璃，球从后玻璃反弹回来后，被测试者须在球二次落地前进行第二次击球。测试时长为2分钟，不限次数。

▌ 评分方法 ▌

计分员记录被测试者完成的个数，在规定时间内完成连续12个及以上为合格。

▌ 要点图示及说明 ▌

● 正手后场直线球击球姿势

● 回球第一落点区域示意图

科目二 反手后场落地击直线球

| 测试方法与要求 | 五级：科目二

被测试者在反手后场区域准备，当听到助考的发令后，被测试者用反手击球，将球打至前墙，回球第一落点须在发球格或其正后方区域内，同时球必须先落地再碰后玻璃，球从后玻璃反弹回来后，被测试者须在球二次落地前进行第二次击球。测试时长为2分钟，不限次数。

| 评分方法 |

计分员记录被测试者完成的个数，在规定时间内完成连续12个及以上为合格。

| 要点图示及说明 |

● 反手后场直线球击球姿势

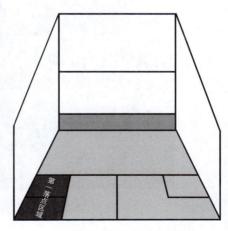

● 回球第一落点区域示意图

第一落点区域

科目三　截击八字球

五级：科目三

▌测试方法与要求▐

被测试者在T位准备，当听到助考的发令后，被测试者先从正手开始，将球打至前墙反弹至侧墙，在球落地之前，反手将球打至前墙反弹至另一面侧墙，正反手连续交替截击球。测试时长为2分钟，不限次数。

▌评分方法▐

计分员记录被测试者完成的个数，在规定时间内完成连续30个及以上为合格。

▌要点图示及说明▐

● 截击八字球击球姿势

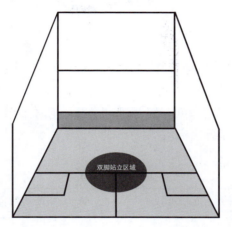

双脚站立区域

● 双脚站立区域示意图

评分与达标标准

五级各科目评分标准见五级测试评分表。所有测试科目均达到合格标准（即60分），则该等级达标。

五级测试评分表

分数（分）	正手后场落地击直线球（个）	反手后场落地击直线球（个）	截击八字球（个）
100	≥16	≥16	≥38
95	-	-	37
90	15	15	36
85	-	-	35
80	14	14	34
75	-	-	33
70	13	13	32
65	-	-	31
60	12	12	30
55	-	-	29
50	11	11	28
45	-	-	27
40	10	10	26
35	-	-	25
30	9	9	24
25	-	-	23
20	8	8	22
15	-	-	21
10	≤7	≤7	≤20

六级测试

科目一　正手截击直线球

六级：科目一

▎ 测试方法与要求 ▎

被测试者在正手区准备，当听到助考的发令后，被测试者用正手击球，将球打至前墙，在球落地前再次进行正手截击球。测试过程中，被测试者至少有一只脚全程在发球格内（不得触线）。测试时长为2分钟，不限次数。

▎ 评分方法 ▎

计分员记录被测试者完成的个数，在规定时间内完成连续30个及以上为合格。

▎ 要点图示及说明 ▎

● 测试全程至少有一只脚在发球格内

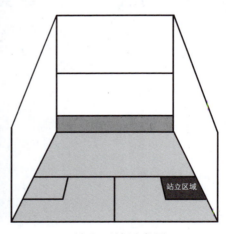

● 站立区域示意图

科目二　反手截击直线球

六级：科目二

▌测试方法与要求▌

被测试者在反手区准备，当听到助考的发令后，被测试者用反手击球，将球打至前墙，在球落地前再次进行反手截击球。测试过程中，被测试者至少有一只脚全程在发球格内（不得触线）。测试时长为2分钟，不限次数。

▌评分方法▌

计分员记录被测试者完成的个数，在规定时间内完成连续30个及以上为合格。

▌要点图示及说明▌

● 测试全程至少有一只脚在发球格内

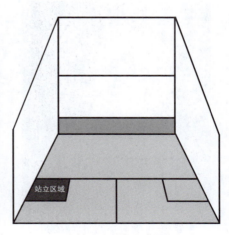

站立区域

● 站立区域示意图

科目三　正反手前场击侧墙球

六级：科目三

▌测试方法与要求▐

　　被测试者在前场准备，当听到助考的发令后，被测试者从正手前场发侧墙球开始，进行一拍正手侧墙球、一拍反手侧墙球，连续交替击球，侧墙球高度须低于墙发球线方为有效。测试时长为2分钟。

▌评分方法▐

　　计分员记录被测试者完成的个数，在规定时间内完成30个有效击球为合格。

▌要点图示及说明▐

●正手前场侧墙球击球姿势　　　　　●反手前场侧墙球击球姿势

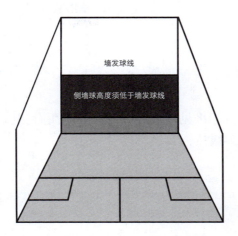

墙发球线

侧墙球高度须低于墙发球线

● 侧墙球高度须低于墙发球线

评分与达标标准

六级各科目评分标准见六级测试评分表。所有测试科目均达到合格标准（即60分），则该等级达标。

六级测试评分表

分数（分）	正手截击直线球（个）	反手截击直线球（个）	正反手前场击侧墙球（个）
100	≥38	≥38	≥38
95	37	37	37
90	36	36	36
85	35	35	35
80	34	34	34
75	33	33	33
70	32	32	32
65	31	31	31
60	30	30	30
55	29	29	29
50	28	28	28
45	27	27	27
40	26	26	26
35	25	25	25
30	24	24	24
25	23	23	23
20	22	22	22
15	21	21	21
10	≤20	≤20	≤20

七级测试

科目一　正手后场落地击直线球

七级：科目一

▎测试方法与要求 ▎

被测试者在正手区准备，当听到助考的发令后，被测试者用正手击球，将球打至前墙，回球第一落点须在发球格或其正后方区域内，同时球必须先落地再碰后玻璃，球从后玻璃反弹回来后，被测试者须在球二次落地前进行第二次击球。测试时长为2分钟，不限次数。

▎评分方法 ▎

计分员记录被测试者完成的个数，在规定时间内完成连续24个及以上为合格。

▎要点图示及说明 ▎

● 正手后场直线球击球姿势

● 回球第一落点区域示意图

科目二　反手后场落地击直线球

七级：科目二

测试方法与要求

被测试者在反手区准备，当听到助考的发令后，被测试者用反手击球，将球打至前墙，回球第一落点须在发球格或其正后方区域内，同时球必须先落地再碰后玻璃，球从后玻璃反弹回来后，被测试者须在球二次落地前进行第二次击球。测试时长为2分钟，不限次数。

评分方法

计分员记录被测试者完成的个数，在规定时间内完成连续24个及以上为合格。

要点图示及说明

●反手后场直线球击球姿势

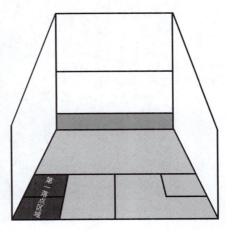

●回球第一落点区域示意图

科目三　截击八字球

七级：科目三

▌测试方法与要求 ▌

被测试者在 T 位准备，当听到助考的发令后，被测试者先从正手开始，将球打至前墙反弹至侧墙，在球落地之前，反手将球打至前墙反弹至另一面侧墙，正反手连续交替截击球。测试时长为 2 分钟，不限次数。

▌评分方法 ▌

计分员记录被测试者完成的个数，在规定时间内完成连续 60 个及以上为合格。

▌要点图示及说明 ▌

● 截击八字球击球姿势

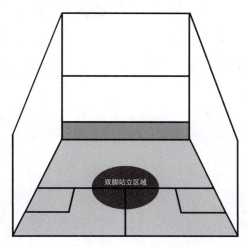

● 双脚站立区域示意图

评分与达标标准

七级各科目评分标准见七级测试评分表。所有测试科目均达到合格标准(即60分),则该等级达标。

七级测试评分表

分数(分)	正手后场落地击直线球(个)	反手后场落地击直线球(个)	截击八字球(个)
100	≥32	≥32	≥68
95	31	31	67
90	30	30	66
85	29	29	65
80	28	28	64
75	27	27	63
70	26	26	62
65	25	25	61
60	24	24	60
55	23	23	59
50	22	22	58
45	21	21	57
40	20	20	56
35	19	19	55
30	18	18	54
25	17	17	53
20	16	16	52
15	15	15	51
10	≤14	≤14	≤50

八级测试

科目一　一拍截击直线球、一拍截击斜线球

▌测试方法与要求▌　八级：科目一

　　两位被测试者分别站在左、右半区准备，当听到助考的发令后，被测试者A从正手开始第一拍截击直线球，在球落地前完成第二拍截击斜线球；被测试者B反手接球打一拍截击直线球，再打一拍截击斜线球。两位被测试者在测试过程中双脚必须始终保持在短线后（不得触线）方为有效。每人连续击球2次，且双方必须换边完成正反手一拍截击直线球、一拍截击斜线球两项测试内容。每项测试时长为3分钟，不限次数。

▌评分方法▌

　　计分员记录被测试者们完成的个数，在规定时间内，每项测试须两人一共完成连续60个及以上为合格，两位被测试者同时合格方为该科目合格。

▌要点图示及说明▌

● 测试全程两位被测试者双脚都必须在短线后方

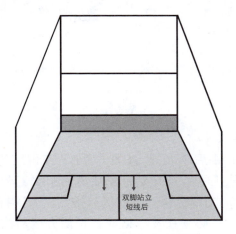

双脚站立
短线后

● 双脚站立于短线后示意图

科目二　后场侧墙球、前场直线球

八级：科目二

▎测试方法与要求 ▎

　　被测试者A在正手后场准备，被测试者B在T位准备，当听到助考的发令后，被测试者A从正手后场开始打侧墙球，侧墙球高度必须低于墙发球线；被测试者B从T位出发，移动至前场接被测试者A打出的侧墙球，打直线球，直线球第一落点必须在发球格或其正后方区域内，同时球须先落地再碰后玻璃。两人连续交替击球，每拍后都须回到T位方为有效，且双方必须交换完成后场侧墙球、前场直线球两项测试内容。每项测试时长为3分钟，不限次数。

▎评分方法 ▎

　　计分员记录被测试者们完成的个数，在规定时间内，每项测试须两人一共完成连续24个及以上为合格，两位被测试者同时合格方为该科目合格。

▎要点图示及说明 ▎

● 两位被测试者准备姿势

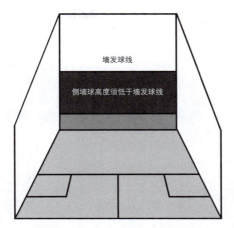

墙发球线

侧墙球高度须低于墙发球线

● 后场侧墙球高度须低于墙发球线

第一落点区域

第一落点区域

● 直线球第一落点区域示意图

评分与达标标准

八级各科目评分标准见八级测试评分表。所有测试科目均达到合格标准（即60分），则该等级达标。

八级测试评分标准

分数（分）	一拍截击直线球、一拍截击斜线球（个）	后场侧墙球、前场直线球（个）
100	≥68	≥32
95	67	31
90	66	30
85	65	29
80	64	28
75	63	27
70	62	26
65	61	25
60	60	24
55	59	23
50	58	22
45	57	21
40	56	20
35	55	19
30	54	18
25	53	17
20	52	16
15	51	15
10	≤50	≤14

九级测试

科目一　两拍直线后场球、一拍直线短球

九级：科目一

▌测试方法与要求 ▌

　　两位被测试者同时在场地内准备，当听到助考的发令后，被测试者A从正手开始发直线球，发球算作一拍直线球，接着被测试者B打一拍直线球，然后被测试者A打一拍后场短球，被测试者B移动至前场打一拍直线球，被测试者A再打一拍直线球，接着被测试者B打一拍后场短球，以此循环进行。每拍直线球的第一落点必须在发球格或其正后方区域内，同时球须先落地再回弹至玻璃方为有效，每拍短球的落点也须在前场1米×2米的规定区域内方为有效。两位被测试者分别交替进行两拍直线后场球、一拍直线短球的测试，双方必须换边完成两项测试内容。每边测试时长为3分钟，不限次数。

▌评分方法 ▌

　　计分员记录被测试者们完成的个数，在规定时间内，每边测试须一共完成连续24个及以上为合格，两位被测试者同时合格方为该科目合格。

▌要点图示及说明 ▌

● 两位被测试者正手准备姿势

● 两位被测试者反手准备姿势

● 直线球第一落点区域示意图

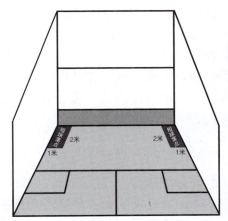

● 短球第一落点区域示意图

科目二　侧墙球—短球—直线球

九级：科目二

▌测试方法与要求▌

　　被测试者 A 在正手后场准备，被测试者 B 在 T 位准备，当听到助考的发令后，被测试者 A 在右半区后场打侧墙球，被测试者 B 从 T 位移动到左半区前场接侧墙球打前场短球，被测试者 A 接短球打直线球，被测试者 B 再到左半区后场打侧墙球，被测试者 A 在右半区前场接侧墙球打前场短球，被测试者 B 再到右半区前场打直线球，以此循环进行。每拍侧墙球高度须低于墙发球线，每拍短球落点须在前场 1 米 ×1.5 米规定区域内，每拍直线球的第一落点须在发球格或其正后方区域内，同时球须先落地再回弹至玻璃方为有效。两位被测试者必须换位完成正反手两项测试内容，每边测试时长为 3 分钟，不限次数。

▌评分方法▌

　　计分员记录被测试者们完成的个数，在规定时间内，每边测试须两人一共完成连续 24 个及以上为合格，两位被测试者同时合格方为该科目合格。

▌要点图示及说明▌

● 两位被测试者准备姿势

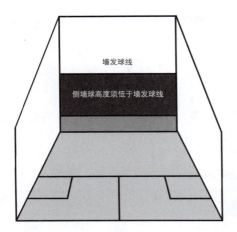

● 侧墙球高度须低于前墙发球线

● 直线球第一落点区域示意图

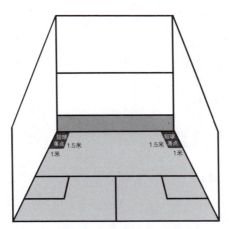

● 短球第一落点区域示意图

评分与达标标准

//

九级各科目评分标准见九级测试评分表。所有测试科目均达到合格标准（即60分），则该等级达标。

九级测试评分标准

分数（分）	两拍直线后场球、一拍直线短球（个）	侧墙球—短球—直线球（个）
100	≥32	≥32
95	31	31
90	30	30
85	29	29
80	28	28
75	27	27
70	26	26
65	25	25
60	24	24
55	23	23
50	22	22
45	21	21
40	20	20
35	19	19
30	18	18
25	17	17
20	16	16
15	15	15
10	≤14	≤14